AF393994

HIERARCHIA POTRZEB MASLOWA

Zdobycie istotnych informacji o tym, jak motywować ludzi

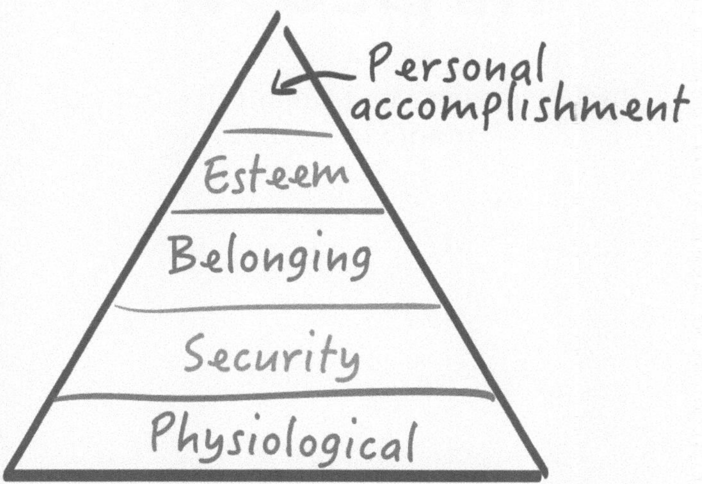

50MINUTES.com

HIERARCHIA POTRZEB MASLOWA

Zdobycie istotnych informacji o tym, jak motywować ludzi

napisany przez Pierre Pichère
przetłumaczony przez Kâmil Kowalski

HIERARCHIA POTRZEB MASLOWA

KLUCZOWE INFORMACJE

- **Nazwa:** Hierarchia potrzeb Maslowa, Piramida potrzeb Maslowa.

- **Zastosowanie:** psychologia i nauki społeczne (do kategoryzacji i hierarchizacji indywidualnych potrzeb), marketing i zarządzanie.

- **Dlaczego składa się to na sukces?** Jest to dynamiczna wizualna reprezentacja potrzeb, obejmująca zarówno aspekty fizjologiczne, jak i duchowe.

- **Słowa kluczowe:** psychologia, potrzeby, Maslow, piramida.

WPROWADZENIE

Nauka ekonomii to alokacja ograniczonych zasobów według nieskończonych potrzeb, motywacji i oczekiwań jednostek. Ale jak zdefiniować potrzeby? Ową próbę podejmuje ta piramida, opracowana przez amerykańskiego psychologa Abrahama Harolda Maslowa (1908-1970).

Historia

Począwszy od lat 40. Maslow, wraz z Carlem Rogersem (psycholog, 1902-1987), wprowadził nowe podejście do psychologii humanistycznej. W swoich pracach Maslow analizował strukturę ludzkich potrzeb. Jego czytelnicy i zwolennicy sformalizowali później jego tezy w postaci piramidy.

Istnieje pięć poziomów potrzeb:

* potrzeby fizjologiczne

* potrzeby bezpieczeństwa

* potrzeba uznania

* potrzeba szacunku

* potrzeba samorealizacji.

Każda z tych kategorii odpowiada działalności człowieka. Model ten znalazł szerokie zastosowanie w ekonomii oraz w świecie przedsiębiorstw, zwłaszcza w kontekście marketingu i w zarządzaniu. Na koniec tego opracowania zobaczymy jak sektor ekonomiczny wykorzystuje ten model na przykładzie przemysłu spożywczego.

Definicja modelu

Piramida potrzeb, zwana również piramidą Maslowa, oferuje model definiowania potrzeb człowieka, od najbardziej podstawowych funkcji (jedzen e, spanie itp.) do przynoszących satysfakcję (samodoskonalenie, uprawianie sztuki lub sportu itp.). Maslow był psychologiem, ale jego model, podsumowany przez piramidę, został wykorzystany w ekonomii i świecie biznesu. Oferuje on prosty i skuteczny sposób identyfikacji różnych potrzeb, o ile są one traktowane kompleksowo, a nie jako indywidualne etapy następujące po sobie.

TEORIA

Mikroekonomia dotyczy oczywiście warunków, które prowadzą do wymiany rynkowej. Piramida Maslowa pozycjonuje się przed tymi wnioskami, tuż u źródeł popytu: potrzeb.

PIĘĆ POZIOMÓW POTRZEB

Poziom po poziomie Maslow łączy różne potrzeby człowieka. Nie wspomina on bezpośrednio o formie piramidy, ale o hierarchii ważności: gdy tylko jakaś rodzina zostanie zaspokojona, natychmiast pojawiają się inne potrzeby. Ponieważ hierarchia potrzeb Maslowa obejmuje wiele obszarów, w tym rozwój osobisty, aby zrozumieć istotę koncepcji, warto posłużyć się terminami używanymi przez samego autora.

- Pierwszy poziom to poziom **potrzeb fizjologicznych**. Jedzenie, picie, sen, oddychanie itd. to funkcje związane z indywidualnym przetrwaniem. Ponieważ są to podstawowe, życiowe potrzeby, są one oczywiście najistotniejsze: z pewnością przewyższają potrzeby bezpieczeństwa, szacunku itp.

- Następnie, **potrzeby związane z bezpieczeństwem**. Możesz od razu pomyśleć o integralności fizycznej, ale ta kategoria nie jest do tego ograniczona - ochrona przed kradzieżą i zniszczeniem również zalicza się do tej kategorii. Maslow stwierdza, że potrzeby bezpieczeństwa prowadzą ludzi do preferowania tego, co znane, a nie tego, co nieznane.

- Gdy te dwa rodzaje potrzeb są zaspokojone, pojawiają się te związane z miłością, przywiązaniem czy relacjami społecznymi (**potrzeba przynależności**). Ta trzecia kategoria uwzględnia społeczną naturę człowieka.

- Prowadzi to do czwartego poziomu piramidy, którym jest **potrzeba estymy lub uznania**. Ta kategoria odnosi się do potrzeb związanych ze statusem, zatrudnieniem, władzą i pieniędzmi, które określają nas w społeczeństwie.

- Wreszcie na szczycie piramidy stoi **potrzeba osobistych osiągnięć**. O ile potrzeby z niższych poziomów zależą od postrzegania przez innych, o tyle potrzeby na szczycie piramidy związane są z rozwojem osobowości jednostki. Według Maslowa potrzeby te mogą przybrać dowolną formę, o ile odpowiadają indywidualnym pragnieniom danej osoby. Innymi słowy, jeśli np. chcę zostać lekarzem, to automatycznie pojawia się potrzeba związana z zostaniem lekarzem, np. potrzeba wiedzy o tym, jak funkcjonuje ludzkie ciało.

W teorii Maslowa należy zaspokoić potrzeby z każdego poziomu, zanim możliwe będzie przejście do następnego. Czy ktoś obawiałby się o bezpieczeństwo swojego dobytku, gdyby nie miał nic do jedzenia? Czy ktoś dbałby o swoje więzi społeczne, będąc atakowanym przez grupę szabrowników? Co dobrego daje uznanie innych bez integracji z grupą społeczną? I jak spełniony może czuć się ktoś, kto ma słabą samoocenę? Jest to więc model dynamiczny, a nie ściśle hierarchiczna prezentacja.

Maslow ujmuje rozwój indywidualny w perspektywie, zakładając, że jednostki zawsze dążą do dobrej jakości życia. W rzeczywistości potrzeby nie są takie same dla wszystkich i zmieniają się również wraz z upływem czasu. Ponadto mogą pojawić się inne rodzaje potrzeb o różnym znaczeniu w zależności od ludzi i okoliczności i współistnieć obok tych reprezentowanych w piramidzie.

POTRZEBY: OD EKONOMII DO MARKETINGU

W porównaniu z licznymi potrzebami związanymi z relacjami społecznymi i człowiekiem, zapotrzebowanie na dobra dostępne wydaje się być bardzo ograniczone. Jednak rozumowanie ekonomiczne bardziej niż potrzebą interesuje się użytecznością - czyli funkcją, jaką pełni dodatkowa jednostka produktu dla konsumenta - nie nadając priorytetu samym dobrom.

Analiza potrzeb dotyczy bardziej marketingu i zarządzania. Potrzeby są najczęściej badane na poziomie firmy i jej pozycjonowania na rynku. Psychologowie zgadzają się, że potrzeby egzystencjalne i podstawowe są stosunkowo ograniczone, ale zawsze istnieje potrzeba - postrzegana jako brak lub pragnienie - produktu przez konsumenta.

Marketerzy są tego świadomi i stale odwołują się do słynnej piramidy Maslowa. Umieszczenie produktu lub usługi w piramidzie prowadzi nas do rozważenia i

opracowania strategii wprowadzania na rynek, które są
czasami bardzo zróżnicowane. Na przykład, nie wprowa-
dzilibyśmy na rynek zwykłego produktu jako elementu
zaawansowanej technologii. Możliwe jest również, że
produkt lub usługa zaspokajają różne poziomy potrzeb;
konieczne jest wtedy dostosowanie przekazu do docelowych konsumentów.

OGRANICZENIA I ROZSZERZENIA

OGRANICZENIA I KRYTYKA

Jak wszystkie klasyczne teorie w naukach społecznych, piramida potrzeb była przedmiotem krytycznej interpretacji. Wskazuje się na kilka słabych stron modelu, choć niektóre są ze sobą sprzeczne:

- **Brak niuansów w hierarchii potrzeb.** Niektóre naturalne funkcje są ważniejsze od innych. Można obejść się bez jedzenia przez kilka dni, ale przecież nie można przestać oddychać na długi czas.

- **Wątpliwa hierarchia.** Nie uwzględnia ona faktu, że człowiek stanowi jednostkę społeczną. Czy naprawdę potrzeba jedzenia może być stawiana ponad utrzymywanie relacji międzyludzkich czy samodoskonalenie? Bez jedzenia człowiek nie może przeżyć. Bez wystarczającej interakcji z innymi, stan psychiczny osoby pogorszy się, doprowadzając ją do szaleństwa lub nawet samobójstwa.

- **Etnocentryzm modelu.** Wszystkie badania były prowadzone na populacjach zachodnich, co skutkuje podejściem, które dotyczy tylko zamożnych, rozwiniętych cywilizacji.

Z wyjątkiem tego ostatniego punktu, krytyka związana z brakiem lub nadmiarem hierarchii w rzeczywistości odnosi się bardziej do zastosowań opracowanych dla teorii Maslowa niż do samej teorii. W rzeczywistości forma piramidy nie pojawia się w pracy Maslowa i ukrywa dynamiczny ruch, jaki przewidywał między poszczególnymi potrzebami.

Marginalne wykorzystanie w usługach publicznych

Wdrożenie piramidy Maslowa w ekonomii pozostaje dość ograniczone. Nie da się przeprowadzić analizy określenia cen w zależności od poziomu potrzeb. Zastosowanie dotyczy raczej użyteczności krańcowej dobra (co wykazali ekonomiści Léon Walras (1834-1910), William Stanley Jevons (1835-1882) i Carl Menger (1840-1921) w XIX wieku), czyli satysfakcji, jaką daje dodatkowa jednostka, a nie jej poziomu w piramidzie Maslowa.

Miejmy na uwadzę, że piramida Maslowa nie jest klasy-fikacją wszystkich potrzeb i pragnień podmiotów gospo-darczych, ale pięciostopniowym modelem ludzkiego spełnienia. Tak przeanalizowana piramida może służyć jako wsparcie dla ingerowania podmiotów publicznych w gospodarkę: regulowanie produkcji żywności i ochrona jakości powietrza (potrzeby fizjologiczne), egzekwowa-nie prawa i porządku (potrzeby bezpieczeństwa), zapew-nienie socjalizacji dzieci, zwłaszcza w szkole (miłość i przynależność) itp. Trudniej jest rozważyć odpowiedź na dwa najwyższe poziomy piramidy. Nadawanie publiczne, szkolnictwo wyższe i inwestycje w kulturę można być może rozumieć jako zbiorowe odpowiedzi na potrzeby samorealizacji i uznania ze strony innych.

POWIĄZANE MODELE I ROZSZERZENIA

Teoria potrzeb Hendersona

Zaproponowano inne modele, w tym model opracowany przez Virginię Henderson (amerykańską pielęgniarkę, 1897-1996), który określa 14 potrzeb przedstawionych w formie siatki. Model ten jest szeroko stosowany w świecie medycyny. Niemniej jednak, dodatkowy wkład tego modelu nie jest w pełni zrozumiały. Wszystkie zidentyfikowane kategorie mieszczą się w pięciu głównych kategoriach piramidy Maslowa. Ponadto, jeśli ograniczenia tego modelu są natychmiast zauważalne, trudno jest uzasadnić tę nową klasyfikację.

Teoria ERG

W 1969 roku amerykański psycholog Clayton Alderfer (ur. 1940) opracował teorię ERG (Existence, Relatedness and Growth), która jest właściwie bardziej zwięzłą wersją piramidy Maslowa. Zamiast pięciu poziomów, teoria ERG wyróżnia trzy: potrzeby egzystencji (pożywienie, ubranie, bezpieczeństwo itp.), potrzeby pokrewieństwa (bycie związanym z innymi jednostkami) oraz potrzeby wzrostu (rozwój, kreatywność, poczucie sensu życia, poczucie własnej wartości itp.) Alderfer nie postawił sobie za cel przeformułowania kategorii Maslowa. Dla niego jednostka musi zaspokajać te potrzeby jednocześnie, a nie po kolei, wspinając się po szczeblach piramidy. Jeśli potrzeby wzrostu nie zostaną zaspokojone, odbije się to na zachowaniach społecznych i podstawowych funkcjach, takich jak sen i jedzenie. Według psychologa dynamika potrzeb jest bardziej wszech-stronna niż w modelu Maslowa. Jego model odniósł szczególny sukces w dziedzinie zarządzania i psychologii pracy.

PRAKTYCZNE ZASTOSOWANIE

Jak zdążyliśmy zauważyć, piramida Maslowa ma swoje najbardziej konkretne zastosowanie ekonomiczne w marketingu. Nie dziwi więc fakt, że coraz więcej modeli z psychologii jest wykorzystywanych do celów marketingowych, gdyż koncepcja marketingu opiera się na zrozumieniu i przewidywaniu zachowań konsumentów.

PRODUKTY I POTRZEBY

Zamiast trzymać się kategoryzacji każdego produktu lub usługi na poziomie piramidy, lepiej przyjrzeć się, która operacja może zaspokoić najwięcej potrzeb.

Produkt, potrzeba

Najbardziej podstawowym zastosowaniem jest określenie poziomu piramidy, na którym znajduje się produkt lub usługa, którą chcemy wprowadzić na rynek: żywność i podstawowa higiena należą do dolnego poziomu, produkty kulturalne do górnego. Ta klasyfikacja wydaje się niezwykle rudymentarna, ale ma sens. Widać to na przykładzie organizacji półek w supermarketach, gdzie produkty są podzielone na kategorie zgodnie z ich rodzajem i zastosowaniem.

Najbardziej podstawowe produkty są często częścią tego procesu. Jest to szczególnie prawdziwe w przypadku podstawowych produktów spożywczych. Paczki makaronu czy ziemniaków pokrywają jedynie pierwszy poziom piramidy: są przeznaczone do karmienia. Ale ta strategia rzadko wystarcza sama w sobie. Pamiętaj, że piramida Maslowa jest dynamiczna, a dobre wprowadzenie produktu lub usługi musi zaspokoić maksymalną liczbę potrzeb.

Marketing z wykorzystaniem piramidy

Opracowanie oferty dla konsumentów to wszystko, co wiąże się z ukierunkowaniem na wszystkie poziomy piramidy.

Aby w pełni zrozumieć tę teorię, należy zdefiniować potrzeby w ich współczesnym kontekście. W społeczeństwie pojawiły się nowe funkcje - które nie istniały W czasach Maslowa ([XX] wiek). Na przykład, jeśli ktoś zmieniał miejsce zamieszkania w latach 50. ubiegłego wieku, nie przemieszczałby się tak szybko lub tak daleko, jak jest to możliwe w obecnych czasach: rodziny były bliżej siebie, a ich dom znajdował się zwykle obok miejsca pracy. Oprócz celów rekreacyjnych, potrzeba podróżowania może być uważana za potrzebę fizjologiczną, ponieważ pozwala komuś zarobić na życie, chodząc do pracy lub utrzymać swoje relacje emocjonalne, odwiedzając przyjaciół i krewnych.

Samochód jest doskonałym przykładem strategii, która rozwija się w ramach piramidy. Najmniej kosztowne modele ograniczają się do podstawowych funkcji, podczas gdy droższe łączą prestiż i komfort. We wszystkich przypadkach tego typu produkt angażuje kilka poziomów piramidy: fizjologiczną potrzebę podróżowania, potrzebę unikania pojazdów znanych z zawodności, przynależność do społeczności kierowców, których samochody pochodzą od jednej, konkretnej, znanej marki oraz (w przypadku najbardziej zaawansowanych modeli) satysfakcję z posiadania drogiego, luksusowego dobra.

Marketing stara się więc ustalić strategię zaspokajania wyższych poziomów piramidy za pomocą produktów, które, jak się wydaje, zaspokajają głównie pierwszy poziom potrzeb. Pełni też funkcję przeciwną, choć jest to bardziej skomplikowane. Kiedy produkt lub usługa ma służyć poczuciu własnej wartości lub rozwojowi osobowości, marka może skupić się i podkreślić fizjologiczne i bezpieczne aspekty zakupu, aby przyciągnąć jak największą liczbę konsumentów do zakupu produktu. Pomyśl o kosmetykach, gdzie branding przełącza się pomiędzy promiennym pięknem (czwarty i piąty poziom) a dbaniem o siebie, utrzymaniem skóry i ciała, co odnosi się do potrzeb fizjologicznych i bezpieczeństwa.

Marketing a potrzeba miłości i przynależności

A co z trzecim poziomem piramidy? Wyobrażenie sobie produktów, które mogłyby zaspokoić potrzebę miłości, wydaje się absurdalne. Maslow umieszcza w tej kategorii więzi przyjaźni czy miłości, które trudno zaspokoić na rynku (choć sukces portali randkowych pokazuje, że jest w tej materii miejsce dla pośredników), a także przynależność do grup społecznych.

Od dawna marketing gra na prestiżu produktu, aby zachęcić konsumenta do jego zakupu. Od końca XIX wieku socjolog i ekonomista Thorstein Veblen (1857–1929) zidentyfikował tendencyjność w modelu homo economicus.

DODATKOWE INFORMACJE: HOMO ECONOMICUS

Koncepcja człowieka ekonomicznego, po łacin e homo economicus, odzwierciedla teoretyczne zachowanie się ludzi. Na podstawie tego abstrakcyjnego przedstawienia teoretycy z różnych dziedzin myślą o potencjalnych interakcjach między zilustrowanym tu człowiekiem a rozwijanymi przez nich koncepcjami.

Oczywiście maksymalizujemy użyteczność tego, co kupujemy, ale naśladownictwo, a nawet snobizm są często powszechne przy podejmowaniu przez nas decyzji. Analiza ta jest rozwinięciem koncepcji opracowanej przez francuskiego socjologa Pierre'a Bourdieu (1930–2002): nasze praktyki społeczne, a więc i nasze zakupy, często są odpowiedzią na silną potrzebę wyróżnienia się wśród rówieśników poprzez naśladowanie praktyk wyższych klas społecznych. Kupując produkt (samochód, perfumy itp.) konsument może również zaspokoić swoją potrzebę społecznego uznania.

Choć nie jest to nowy trend, ma on szczególną siłę w przypadku rozwoju wielu tożsamości i więzi wspólnotowych, które są wspierane, jeśli nie inicjowane, przez technologie informacyjne i komunikacyjne, zwłaszcza sieci społecznościowe. Niektóre marki doskonale grają na poczuciu przynależności związanym z samym posiadaniem produktu. Pomyślmy, jak Apple stworzył społeczność użytkowników od lat 80-tych: zaczynając od mikrokosmosu grafików i specjalistów od wizerunku, społeczność ta, za której członków uważa się wielu użytkowników, rozrosła się wykładniczo dzięki rynkowi masowemu i marketingowi flagowych produktów firmy (iPhone, iPad itp.). Facebook, Twitter i wszystkie sieci społecznościowe również wykorzystują tę strategię i budują na poczuciu przynależności, które w tym przypadku stanowi sedno ich modelu biznesowego, z przewagą darmowego finansowania z reklam.

STUDIUM PRZYPADKU – PRZEMYSŁ SPOŻYWCZY

Na koniec przeanalizujmy bardziej szczegółowo jednemu z sektorów gospodarki: przemysłowi spożywczemu. Ten sektor został szczególnie dobrze zaprojektowany, aby zaspokoić wszystkie poziomy piramidy i kontynuować rozwój bardziej innowacyjnych produktów.

Żywność do karmienia

Oczywiście, przemysł spożywczy zaspokaja potrzebę fizjologiczną: potrzebę jedzenia. Nie ma potrzeby rozwodzenia się nad tym aspektem, poza podkreśleniem, że wartość sektora przemysłowego pozostaje ograniczona, jeśli odpowiada on tylko na jedną ścisłą potrzebę. Aby się rozwijać, łańcuch wartości uwzględnia również wiele innych celów, poza zaspokojeniem głodu.

Żywność dla ochrony

Przemysł spożywczy zbudowany jest również na bezpieczeństwie. Ze względu na przepisy regulujące wytwarzanie produktów, przemysł jest zobowiązany do oferowania bardziej certyfikowanej żywności niż dawni producenci rzemieślniczy (należy jednak podkreślić, że ten argument był istotny w momencie rozwoju, ale obecnie produkty rzemieślnicze również podlegają surowym normom higieny). Swego czasu domowe wyroby narażały wiele rodzin na ryzyko botulizmu (rodzaj zatrucia pokarmowego o poważnych konsekwencjach), co nie stanowiło zagrożenia w przypadku puszkowania przemysłowego.

Dziś dodano drugi poziom bezpieczeństwa, ponieważ producenci zainwestowali w niszę „żywności funkcjonalnej", zwanej również nutraceutykami. Margaryna obniżająca poziom cholesterolu, wzbogacone mleko (które wspomaga wzrost dzieci), ziarna wspomagające trawienie czy woda mineralna wzmacniająca układ odpornościowy - wszystkie te produkty rozkwitły w supermarketach. Ich obietnice poprawy zdrowia są również coraz ściślej kontrolowane.

Żywność dla towarzystwa

Jedzenie, zwłaszcza w świecie zachodnim, jest głęboko osadzone w naszej kulturze. Posiłek jest źródłem poczucia wspólnoty i czasem dzielenia się. Dostawcy przemysłowi w naturalny sposób skorzystali z możliwości zaoferowania produktów, które zaspokajają tę potrzebę przynależności i więzi społecznych. Oto trzy przykłady, które należą do tej kategorii:

- Tradycyjne" dania gotowe, które mają ożywiać tradycje i przybliżać konsumentom kulinarną tożsamość ich kraju;

- świąteczne i innowacyjne produkty jako przekąski lub desery, które tworzą pewną dozę konwencjonalności;

- duże marki z różnymi produktami dla różnych rynków docelowych, zwłaszcza te z produktami kojarzącymi się z dzieciństwem, które przekraczają pokolenia i koncentrują się na smaku żywności jako wspólnej tożsamości dla wszystkich, którzy ją spożywają, tworząc spójność między rodzicami i dziećmi (Nutella, Haribo, Kinder, Banania, itp.).

Rozwój działów halal, koszernych i azjatyckich w supermarketach odpowiada również tożsamościowej stronie żywności, pomagając populacjom imigrantów utrzymać związek z rodzimą kulturą poprzez zakupy żywności.

Żywność do wyrażania wartości

W ostatnich latach przemysł spożywczy zajął się kwestią wartości, tym razem niekoniecznie w sensie ekonomicznym. Po jednoczesnym pojawieniu się wielkich sieci handlowych i uprzemysłowieniu żywności pojawiło się wiele pytań wymagających odpowiedzi. Obawy związane z GMO, kryzys związany z chorobą szalonych krów w latach 90-tych, a następnie spór o hormony w wołowinie, kolejne kampanie dotyczące otyłości i nadmiaru cukru w naszej żywności sprawiły, że konsumenci domagali się dalszych wyjaśnień. Świadomość ekologiczna i poszukiwanie wyróżników w zglobalizowanym świecie wzmocniły to oczekiwanie.

To właśnie ta potrzeba przynależności i wartości spowodowała powstanie etykiet, nazw i innych wytycznych, które rozprzestrzeniły się w sektorze spożywczym. ,Rolnictwo ekologiczne', ,sprawiedliwy handel' i ,produkty regionalne' stały się etykietami, które bezustannie pojawiają się na półkach sklepowych. Dostarczają one informacji o jakości lub pochodzeniu żywności, wraz z informacjami o warunkach produkcji. Pola te są bardzo szerokie: wynagrodzenie lokalnych pracowników, niestosowanie pestycydów, poszanowanie dawnych tradycji kulinarnych itp. Każdy może wybrać preferowane przez siebie produkty, o ile etykieta odpowiada jego wartościom.

Żywność dla rozwoju osobistego

Wreszcie, żywność - a więc i przemysł spożywczy - odzwierciedla również najwyższy poziom piramidy, czyli samorealizację i osobiste spełnienie.

Produkty wysokiej klasy, takie jak wspaniałe wina z odpowiedniego rocznika, kawa z manufaktur, wyborna czekolada czy rzadkie herbaty, zachwycają konsumentów poza prostą potrzebą zaspokojenia głodu lub pragnienia. Gastronomia, jeśli nie jest sztuką, to z pewnością jest rzemiosłem doskonałym, które zaspokaja potrzebę spełnienia konsumenta. Uosabiają to z pewnością wielcy szefowie kuchni czy piekarze, ale ma to również ujście w przemyśle spożywczym.

Oferowanie konsumentom prostej możliwości samodzielnego wykonania części przepisu może również zaspokoić potrzebę spełnienia. Dlatego też przemysł dostarcza zestawy do robienia naleśników lub ciast, a także oferuje wiele gotowych produktów pomocnych w gotowaniu „domowych potraw", pozwalając konsumentom na pomoc w ich tworzeniu, a tym samym dając im możliwość wyrażenia swojej kreatywności.

PODSUMOWANIE

- Piramida potrzeb oferuje model pięciu poziomów, które kategoryzują ludzkie potrzeby.

- Ten dynamiczny model wyszczególnia pięć sekwencyjnych kroków niezbędnych do rozwoju człowieka: potrzeby fizjologiczne, poczucie bezpieczeństwa, uznanie, poczucie własnej wartości i osiągnięcia.

- Teoretyzowana przez amerykańskiego psychologa Abrahama Maslowa, była rzadko wykorzystywana w ekonomii, ponieważ nie mówi nic o konkretnym rozwoju popytu, czyli przekształceniu pragnienia klienta w zakup.

- Mimo, że jej prostota spotkała się z krytyką, to nadal jest mocną stroną tego modelu. Piramida ma szerokie zastosowanie w marketingu, gdyż pozycjonowanie produktu lub usługi w piramidzie, przy jednoczesnej próbie, w miarę możliwości, zaspokojenia potrzeb na kilku poziomach, prowadzi do opracowania właściwej strategii.

PRZECZYTAJ RÓWNIEŻ

BIBLIOGRAFIA

Bouchiki, H., Cerdin, J-L., Dornier, P-P., Esnault, B., Le Nagard-Assayag, E. i Mottis, N. (2001) *Invitation au management.* Paris: Presses universitaires de France.

Fenouillet, F. (bez daty) Modèle hiérarchique des besoins. *La motivation, un concept puzzle.* [Online]. [dostęp 5 maja 2014]. Dostępny w: < http://www.lesmotivations.net/spip.php?article40>.

Jacquemin, A., Tulkens, H. i Mercier, P. (2000) *Fondements d'économie politique.* [3rd edition]. Bruksela: Uniwersytet Boeck.

Lambin, J.-J. i Moerloose, C. (2012) *Marketing stratégique et opérationnel.* [8th edition]. Paris: DUNOD.

Maslow, A. (2003) *Devenir le meilleur de soi-même : besoins fondamentaux, motivations et personnalité.* Paris: Eyrolles.

Mias, L. (bez daty) Maslow, Henderson, soins. *Papidoc.* [online]. [Dostęp 5 maja 2014]. Dostępny w: < http://papidoc.chic-cm.fr/573MaslowBesoins.html>.

Chcemy usłyszeć od Ciebie, co się dzieje!
Zostaw komentarz na temat swojej internetowej biblioteki
i podziel się swoimi ulubionymi książkami w mediach społecznościowych!

IMPROVE YOUR GENERAL KNOWLEDGE

IN THE BLINK OF AN EYE!

www.50minutes.com

Master ISBN : 9782808066358
Papierowy ISBN : 9782808066648
Depozyt prawny: D/2022/12603/135

Projekt cyfrowy: Primento - cyfrowy partner wydawców.